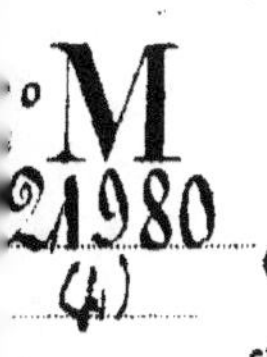

Octave le MAIRE
Candidat en Droit
et en Sciences Morales et Historiques.

NOTICE

SUR LA

Famille de SCHEPPER dite SCHEPPERS

IN NITORE CONSTAT.
Devise de Mgr Scheppers

MALINES
H. DIERICKX-BEKE FILS, Imprimeurs-éditeurs
Rue de la Chaussée, 70-72

1922

Ex-libris de Jules SCHEPPERS
avocat au Grand Conseil de Malines.

Octave le MAIRE
Candidat en Droit
et en Sciences Morales et Historiques.

NOTICE

SUR LA

Famille de SCHEPPER dite SCHEPPERS

IN NITORE CONSTAT.
Devise de Mgr Scheppers

MALINES
H. DIERICKX-BEKE FILS, Imprimeurs-éditeurs
Rue de la Chaussée, 70-72

1922

Du même auteur :

ACHILLEUS — ADAPTATION DRAMATIQUE DE L'ILIADE. *Pièce en cinq actes avec chœur antique. Musique de Saint-Saëns.* Mons, Dequesne, 1912. (en collaboration)

ARMOIRIES A IDENTIFIER (*L'Indicateur Généalogique, Héraldique et Biographique.* T. III. p. 33. Bruxelles 1913.)

DARDENNE (ibid. p. 55)

BOURDOUXHE (ibid p. 100)

BROERS (ibid). p. 114.

GODEFROID OU GODEFRIN (ibid. p. 135)

LIVRES DE PRIX OU MÉDAILLES (*L'Intermédiaire des Chercheurs et Curieux* Vol. LXXVII, p. 312.

TRIBOULET, TRIBOLET (ibid. p. 320)

« *Préparation à la mort* » PAR LE CHEVALIER LE MAIRE (ibid. p. 240)

GÉNÉALOGIES DES FAMILLES QUI ONT FIGURÉ AU PARLEMENT DE FLANDRE (ibid. Vol. LXXVIII p. 9.)

SENTENCE DE NOBLESSE EN FAVEUR DE LA FAMILLE LE MAIRE (1635) (ibid p. 52.

RAYMOND OU REMOND PORTANT TROIS BANDES (ibid p. 198)

ÉPITAPHE DU CHEVALIER LE MAIRE DE BERGUETTE † 1770 (ibid Vol. LXXIX 1919. p. 189)

FAMILLE CLEMENCEAU (ibid. p. 259)

BARONNIE DE GAVRELLE (ibid. p. 236)

MARGUERITE DE PARME — QUELLE ÉTAIT SA MÈRE ? (ibid. p. 276)

FAMILLE LE MAIRE *Bulletin de la Fédération d'art et d'histoire régionale.* Lille, 1920 pp. 237, 244)

UNE PIERRE FUNÉRAIRE DU MUSÉE DE CLUNY (*L'Intermédiaire des Chercheurs et Curieux* Vol. LXXXII Paris 1920. p. 240)

FAMILLE LE MAIRE. Déclaration de noblesse de 1589 (*Bulletin de la Société d'Etudes de la Province de Cambrai* T. XX, Lille 1920. p. 112)

FAMILLES DE CONTAY, DE MAILLY, DE HEMIÈRES, DE METS ET DE VAULINCOURT *L'Intermédiaire des Chercheurs et Curieux* Vol. LXXXIII, Paris 1921, pp. 15, 301

UNE MALINOISE FONDATRICE DU COUVENT DES CARMÉLITES ANGLAISES DE DARLINGTON *Mechlinia* T. I Malines 1921 p. 14

MALINES EN PIERRE SAINTE (ibid p. 15)

NOTICE SUR LA FAMILLE VAN HEYDENRYCK (ibid. p. 24)

FAMILLE RAVOUX (ibid. p. 78

GENTILSHOMMES DE LA CHAMBRE DU ROI DE FRANCE AU XVe SIÈCLE *L'Intermédiaire des Chercheurs et des Curieux,* T. LXXXV. *Paris* 1922 pp. 96, 443)

DE WREE D'ANTHES (ibid. p. 313

En préparation :

LES QUARTIERS — Définition - Manière de les trouver et de les disposer — Preuves de quartiers — Législation héraldique.

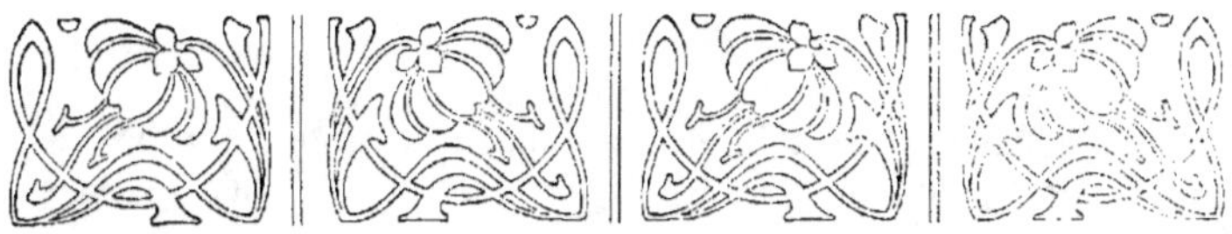

NOTICE

SUR LA
Famille de SCHEPPER dite SCHEPPERS

L'histoire de Malines, son passé glorieux, ne consistent pas uniquement dans ses monuments, dans ses vieilles maisons ou dans ses œuvres d'art, mais encore dans les faits et gestes de ses habitants, de ceux qui ont élevé ces monuments, habité ces vieilles maisons ou produit ces chefs d'œuvre.

Aux jeunes générations, on propose l'exemple de compatriotes remarquables par leur sagesse, leur bravoure ou leurs talents, pour exciter leur émulation. Mais si nous leurs parlons de leurs concitoyens illustres, cette émulation n'est elle pas stimulée d'avantage ? Enfin si nous leurs montrons l'exemple de leurs parents, de leur famille, de leurs ancêtres, ils y verront bien plus qu'un simple conseil, mais un devoir, une obligation à suivre la même voie, à imiter une conduite aussi noble, aussi belle.

Ces beaux exemples ne sont malheureusement pas toujours assez connus, on ignore, ou l'on feint d'ignorer les mérites des autres. Que de fois ne voit-on des gens dédaigner dans leur ignorance — feinte ou réelle — des familles qui souvent valent mieux qu'eux, et qui ont bien plus de titres à notre estime et à notre considération par les services, que pendant des siècles, elles ont rendu à la chose publique

Nous nous proposons donc de publier quelques notices sur les anciennes familles malinoises. Elles nous apprendront à mieux connaître l'histoire de notre ville, à apprécier ses monuments par les souvenirs qui s'y rattachent et montreront comment le travail, l'ordre et la probité sont la source de la paix, de la prospérité, de l'estime publique et des honneurs (1).

*

Lors de la cavalcade historique organisée par la ville de Malines, en 1875, à l'occasion du onze-centième anniversaire du martyre de St Rombaut, patron de cette ville, un char symbo-

(1 Nous sommes heureux d'exprimer notre vive gratitude à tous ceux qui, par leur précieuse collaboration, ont contribué à augmenter l'intérêt de cette étude, principalement Monsieur Poullet, Mr Arnold Perilla de Rockend Frère Directeur de l'Institut Scheppers et M. le Baron Otto de Mentock.

lisant l'établissement du régime communal à Malines, fut orné des armes des quatorze familles ayant fourni le plus grand nombre de membres à l'échevinage, et dont voici les noms : *Kerman, Schoonjans* dit *van den Steene, d'Adeghem, de Gorttere, de Langhe* alias *Papegays, Hoot, Neeffs, de Wachtendonck, Matthys, de Dryver, Douglas* dit *Schott, de Munck, van Kiel* et SCHEPPERS (1).

De toutes ces familles dont le nom évoque l'histoire d'une des XVII provinces des anciens Pays-Bas, une seule subsiste : les SCHEPPERS.

Durant cinq siècles, nous voyons cette famille briller dans les arts, dans la magistrature et dans le clergé. Son nom primitif était DE SCHEPPER. Ce n'est que dans le courant du XVIIe siècle que la forme actuelle, SCHEPPERS, prévalut. Cette dernière forme n'est d'ailleurs qu'une abréviation de la première, mais toutes deux ont la même signification, aussi voit on souvent le même personnage désigné indifféremment dans le même acte sous le nom de Scheppers et de Schepper.

La filiation de cette famille remonte d'une manière non interrompue à Jean I de Schepper, peintre, que plusieurs généalogies disent être le fils de Corneille de Schepper et de Marie de Doncker, qui vivaient en 1490 (2).

*　*　*

L'*Histoire de la peinture et de la sculpture à Malines* (3) nous fait connaître ceux qui se distinguèrent en maniant le pinceau. Jean I DE SCHEPPER, peintre, qu'on dit fils de Corneille et de Marie *de Doncker*, fut reçu dans la Gilde de St Luc en 1551.

---

(1) Cette liste a été dressée par M. V. Hermans, archiviste communal. Voyez l'album de cette cavalcade p. 7. et pl. II.

(2) La Bibl. Royale à Bruxelles, possède une excellente généalogie Scheppers, dressée sur preuves dans la première moitié du XIXe siècle. (*Sect. des mss., fonds Goethals.* n° 1437 — généalogie de 116 pp. format pro-patria, avec 110 pièces justificatives.)

Mr Léon Wellens, à Lierre, possède une autre généalogie Scheppers, ornée des blasons coloriés, dressée il y a une vingtaine d'années par Mr GÉRARD.

On trouvera aussi des renseignements généalogiques sur les Scheppers, dans les ouvrages suivants de JOSEPH-FÉLIX-ANTOINE-FRANÇOIS DE AZEVEDO COUTINHO Y BERNAL, chanoine de Notre Dame à Malines : *Table généalogique de la famille Heyns alias Smets.* 1e édition s. l. n. d. (Louvain 1753 ?) in folo de 8 pp. ; 2e édition s. l. n. d., in-folo de 15 pp. — *Table généalogique de la famille van Kiel,* 1e édition s. l. n. d., in-folo de 15 pp. ; 2e édition (comprenant la généalogie van Criechingen) s. l. n. d. in-folo de 20 pp.

(3) EMM. NEEFFS. *Histoire de la peinture et de la sculpture à Malines.* 2 vol. in-8° 1876. passim.

Jacques VERMEULEN.   Jeanne SCHEPPERS.

(Tableaux en possession de Madame le Maire, née Broers.)

De son mariage avec Barbe *van Erp*, fille de Chrétien et de
Catherine de Mol, il eut plusieurs enfants parmi lesquels :
Barbe, qui épousa avant 1580 Antoine *Drua,* dont un fils Antoine, peintre, qui eut pour élève Jérôme van Orley ; Pierre,
dont le fils Gaspard fut peintre et devint franc-maître à Anvers
en 1600 ; Jean II peintre, décédé en 1610.

Ce dernier eut de son épouse Anne *Borremans*, fille de
Josse, fondeur de canons (busgieter), trois fils peintres : Jacques
DE SCHEPPER, membre de la confrérie de St Luc, qui épousa
Madeleine *van Recht*, d'une famille de peintres ; Luc, membre
de la Confrérie de St Luc, et Jean III (1557-1611).

Celui-ci épousa en 1604, Jeanne *van Coninxloo*, fille de
Barthélemy, peintre. Sa fille Anne (1607-1683), épousa en 1636,
Jacques *Voorspoel*, statuaire, maître de la Gilde de St Luc et
par suite doyen ; sa petite fille Anne-Marie SCHEPPERS (1652-
1744) fille de Pierre échevin, trésorier et receveur de Malines
et de Claire *van de Kerckhove*, épousa en 1683, le célèbre peintre
paysagiste Corneille *Huysmans* (1) « *ruralium prospectuum et rei bucolicae
Pictoris Primarii quam artem adeo eleganter excoluit ut peritissimi eam
non sine sacro quodam horrore suspiciant et cuncti frustra imitentur* » (2).

* * *

D'autre part, si de tout temps cette famille a joui de l'estime
et de la considération de tous, c'est aussi à cause des services
rendus durant plusieurs siècles par tant de magistrats éminents,
par tant de jurisconsultes distingués, qui sont ses enfants.

Jacques DE SCHEPPER OU SCHEPPERUS (1619-1673), fils de
Jacques et de Madeleine *van Recht*, fut avocat au Grand Conseil
de Malines. Il épousa Elisabeth *Hechts*, dont il eut plusieurs
enfants. L'un d'eux, Guillaume-Ignace DE SCHEPPER, né en 1650,
devint bailli de Berlaer.

Pierre SCHEPPERS (1609-1696), fils de Jean et de Jeanne *van
Coninxloo*, échevin, trésorier et receveur de la ville, laissa de sa
femme Claire *van de Kerckhove* : Chrétien Jacques SCHEPPERS dont
il sera parlé plus loin, Pierre SCHEPPERS (1640-1698) licencié
ès-lois, avocat au Grand Conseil de Malines « *qui talem se in
omni actu judico semper praestitit ut cum, quem clientes diligebant, pars*

---

(1) Le Musée de Malines possède les portraits d'Anne-Marie Scheppers et de
Corneille Huysmans, peints par Luc Franchoys.

(2) Voyez son épitaphe à l'église St Jean à Malines. *(Inscriptions funéraires et
monumentales de la province d'Anvers* T. VIII. p 469).

adversa venerarentur) et Jean-Baptiste SCHEPPERS (1638-1721) licencié ès-lois, secrétaire de la ville (1). Ce dernier eut de son épouse Jeanne-Marie *Louché*, plusieurs enfants, notamment Pierre-Yvon SCHEP-

Cuiller offerte à Jules Scheppers à l'occasion de sa licence en droit, gravée par Ant. Op de Beeck (D'après une épreuve gravée du Musée de Malines).

PERS (1674-1747) licencié ès-lois, avocat au Grand Conseil, échevin et secrétaire de la ville, et Jean-Baptiste Scheppers (1676-1746) licencié ès-lois, greffier et secrétaire de la ville, qui eut de son mariage avec Marie-Thérèse *van Aken*, un fils Jean-Baptiste-Athanase SCHEPPERS (1719-1801) licencié ès-lois, avocat au Grand Conseil de Malines et greffier de la ville.

Chrétien-Jacques SCHEPPERS (1645-1704) fils de Pierre et de Claire van de Kerckhove, fut trésorier de la ville et de la province de Malines. De son épouse Marie-Madeleine *van Kiel*, il laissa plusieurs enfants, parmi lesquels : Pierre SCHEPPERS, qui suit, et Jean-Baptiste SCHEPPERS (1675-1751) échevin de la ville de Malines qui épousa Marguerite Catherine *de Crauw*. Jean-Baptiste SCHEPPERS, né en 1766, petit fils de ces derniers, fut licencié ès lois.

Pierre SCHEPPERS (1673-1744) échevin et trésorier de la ville de Malines, eut de son union avec Mathilde *van Riet-beeck*, plusieurs enfants, notamment Jacques SCHEPPERS, qui suit, Herman-Jacques SCHEPPERS (1700-1745) licencié ès-lois, avocat au Grand Conseil de Malines et Jean-Baptiste SCHEPPERS (1706-1738) licencié ès-lois.

Jacques SCHEPPERS (1699-1735) épousa Marguerite *Verhocht*, dont Jules-Pierre-Joseph SCHEPPERS (1730-1801), fiscus et decanus des bacheliers en droit de l'université de Louvain, licencié en droit à l'université de Louvain le 27 novembre 1752 (2) et avocat au Grand Conseil de Malines.

____

(1) En 1681, la Congrégation de la Ste Inquisition au Vatican délivra un diplôme à Jean-Baptiste et à Pierre Scheppers, leur autorisant la lecture et détention des livres condamnés au feu par la Congrégation de l'Index.

(2) A l'occasion de la licence en droit de Jules Scheppers on lui offrit une cuiller sur laquelle on voyait ses armes timbrées et l'inscription suivante : *Consult : D. I. P. I. Scheppers Mechlin I. U. B. fisc. et dec. I. U. L. 27 9bris 1752.* Cette cuiller a été gravée par Op de Beeck. Le Musée de Malines possède une empreinte de cette gravure, tirée directement sur la cuiller. Nous ignorons si cette cuiller existe encore.

Jeanne POULLET
épouse de Jules Scheppers.

Jules SCHEPPERS
avocat au Grand Conseil de Malines.

(Tableaux en possession de M. Arnold Poullet.)

Celui-ci laissa huit enfants de sa femme Jeanne-Marie Thérèse-
Poullet (1). Parmi eux citons Corneille SCHEP-
PERS, qui suivra et Jean-François SCHEPPERS
(1760-1826) échevin de la ville de Malines
en 1790, administrateur provisoire de cette
ville en 1792 (2) dont le petit fils François-
Jules SCHEPPERS *dit* DE LOTH (1809-1860)
devint membre de la Chambre de commerce
de Bruxelles. (3)

Sceau de Jules Scheppers

(1 Le portrait de Jules SCHEPPERS et celui de sa femme Jeanne-Marie-Thérèse *Poullet*, fille de Jean-François Poullet, seigneur de Steenwinckel, doyen du serment des arquebusiers de Malines, et de Marie Catherine Joostens, se trouve chez M. Arnold Poullet, président à la cour d'Appel de Liège. L'Institut Scheppers, à Malines, possède un dessin au crayon, représentant Jeanne Poullet à un âge plus avancé.

M. Poullet à Anvers, possède les portraits, peints en 1805 par Jacquin, de leurs fille Jeanne Cornélie SCHEPPERS (1765-1839) et de son époux Yves-Joseph *Poullet* (1760-1841) licencié ès lois, avocat au Grand Conseil de Malines, président du Conseil général des hospices de Louvain, premier échevin de la même ville, maire de Boortmeerbeeck, membre des Etats Provinciaux du Brabant Méridional, membre de la seconde chambre des Etats Généraux, enterré à Boortmeerbeeck sous un monument orné de ses armes et de celles de sa femme, fils de Corneille-François-Joseph Poullet (frère de Jeanne Poullet ci-dessus), sgr. de Steenwinckel, échevin et trésorier de Malines, et de Catherine-Joséphine-Françoise Estrix.

(2) Jean-François SCHEPPERS eut de sa première femme Marie Thérèse-Pétronille *Parasiers*, fille d'Alexandre François et de Marie-Thérèse de Vylder, une fille Jeanne-Julie-Marie Scheppers, qui épousa Jacques Vermeulen, fils de Joseph et de Barbe van Goorlaecken. Le souvenir de ce mariage nous est conservé par un *Epithalame en chant que la compagnie du Labyrinthe a l'honneur de présenter à Monsieur Vermeulen et à Mademoiselle Scheppers, unis en mariage le 30 thermidor an XI.* feuille in-4°.

Leur portrait peint sur toile, exécuté peu après, se trouve à Malines, chez Madame le Maire, née Broers, petite fille d'Edouard Broers, bourgmestre de cette ville, président du Conseil Provincial d'Anvers, membre de la députation permanente etc., et de Suzanne Vermeulen, fille de Jacques et de Jeanne Scheppers, ci-dessus. Madame Wittmann, née Bernaerts, également petite fille d'Edouard Broers, possède aussi leur portrait, mais exécuté plus tard.

De sa seconde femme, Anne-Catherine-Josèphe VERMYLEN, Jean-François SCHEPPERS, eut six enfants. L'un d'eux Charles-Yves-Joseph eut de son épouse Jeanne-Caroline-Désiré Quirini, un fils Ignace-Charles-Joseph-Désiré Scheppers qui s'établit à Chicago (E. U. A) où il laissa postérité.

(3) François-Jules SCHEPPERS DE LOTH, fils de Jules-François et de Jeanne-Catherine-Françoise Wauters, eut de son union avec Anne *Michaux* : Edouard, Emile et François qui s'établirent à Philadelphie (E. U. A.) où ils ont laissé postérité ; Anne qui épousa Eugène, comte d'Auvray de Saint-Pois, sous-préfet de l'arrondissement de Senlis et Marie-Henriette qui épousa Marie-Hervé de Carbonnel, marquis de Canisy, écuyer de l'empereur Napoléon III et lieutenant au régiment des guides de la garde impériale.

Corneille-Joseph Scheppers (1768-1841) fut échevin de la ville de Malines, membre des Etats Provinciaux d'Anvers, puis membre du Conseil Provincial d'Anvers, membre de la députation permanente etc. De son mariage avec Jeanne *Estrix*, il a laissé postérité encore représentée de nos jours. (1).

* * *

Nombreux aussi furent ceux que se distinguèrent dans la carrière ecclésiastique : Jean de Schepper (1609-1667), prêtre et chapelain de St Jean à Malines (2) ; Jean-Baptiste Scheppers ou Schepperus (1606-1667) chanoine de St Amé à Douai, de Ste Croix à Cambrai, de St Donatien à Bruges, censeur des livres pour le diocèse de Bruges, professeur de philosophie au Collège du Porc à l'Université de Louvain (4) ; Barbe-Chrétienne Scheppers (1671-1766), béguine et maîtresse au Grand Béguinage de Malines (5) ; François Scheppers (1709-1757), *ex illustriori civitatis prosapia parentibus,* recteur magnifique de l'Université de Louvain en 1745, président du Collège de Malines, censeur impérial des livres, juge synodal, chanoine et doyen de St Pierre à Louvain etc. (6) ; Pierre Scheppers (1704 1782), prêtre, frère du précédent ; Monseigneur Victor Scheppers (1802-1877) prélat domestique de S.S. Pie IX, fondateur et supérieur général des Frères,

Sceau
de François Scheppers.

(1) Corneille Scheppers est représenté sur un médaillon de marbre blanc ornant son monument funéraire à Waelhem. On en trouvera une reproduction dans Aug. van den Eynde *Choix d'insciptions et monuments funéraires de la ville de Malines et de ses environs.* Malines 1856 pl. 85.

Institut Scheppers à Malines, en possède un moulage. On y conserve aussi deux silhouettes de l'époque Louis XVI, représentant le même, ainsi que sa femme, et un beau portrait sur toile représentant Corneille Scheppers en uniforme de membre des Etats Provinciaux.

(3 Jean de Schepper est fils de Jacques, peintre, et de Madeleine *van Recht,*

(4 Jean-Baptiste Scheppers est fils de Jean, peintre, et de Jeanne *van Coninxloo.* Voyez sa biographie dans les *Analectes pour servir à l'histoire ecclésiastique de la Belgique.* T. XX. 1886. p. 253

(5) Barbe Scheppers est la fille de Jean-Baptiste, secrétaire de Malines et de Jeanne-Marie *Louché.* A l'occasion de son jubilé on lui dédia la pièce suivante : *Jouffrouwe* Barbara-Christiana Scheppers, *oudste Hof Joffrouwe van het groot Beggijn-Hof, vierende haeren 50 jaerigen Jubile binnen Mechelen. op den 10 september 1754 — Tot Mechelen, bij Laurentius Van der Elst.* in-plano. Une autre pièce en vers, lui dédiée à la même occasion fut éditée à Louvain chez Henri Vander Haert, in-plano.

6) François Scheppers est fils de Pierre échevin et trésorier de Malines et de Mechtilde *van Riethbeck* Pour sa biographie, consulter : *Analectes,* op. cit., T. XIX. 1883 p. 340 ; Archives de la ville de Malines D. D Notices. S I no 16: *Korte Levens-beschrijf van groote mannen gebortigt van Mechelen door Eg. Jos. Smeyers kunstschilder en door H. D. V. N. Priester, fol. 55.*

Jacquin. — POULLET

avocat au Grand Conseil de Malines, échevin de la ville de Louvain,
membre des États Provinciaux de Brabant, etc.

(Tableau en possession de M. Poullet.)

Jacquin. — Jeanne SCHEPPERS,
épouse d'Yves Poullet

Tableau en possession de M. Poullet.

de Notre-Dame de la Miséricorde et des Sœurs du même nom. (1)

* * *

Les armes anciennes de cette famille sont : *d'azur à la fasce accompagnée en chef de trois lettres A mal ordonnées. et en pointe d'une étrille, le tout d'or. Heaume : non couronné. Cimier : une lettre A de l'écu,* comme on peut

le voir par le sceau de Pierre SCHEP-PERS (1609-1696) quatorze fois échevin de Malines entre 1646 et 1682, trésorier et receveur de cette ville (2), ainsi que par le registre du serment des archers de Malines, dont il fut élu roi le 5 juin 1639 et où ses armes timbrées sont peintes (3). Ces armes figuraient probablement aussi sur le mereau obituaire de son frère Jean-Baptiste SCHEPPERS (1606-1967) chanoine de St Donat à

---

(1) Mgr. Scheppers est fils de Corneille, membre des Etats Provinciaux etc. et de Jeanne Estrix. Sa biographie a été publiée par H. NIMAL : *Monseigneur Scheppers, fondateur des Frères et des Sœurs de Notre-Dame de la Miséricorde* Malines et Liège, 1906. [433 pp]. L'INSTITUT SCHEPPERS, à Malines, possède un magnifique portrait de Mgr SCHEPPERS, par Tuerlinckx. Ce portrait a été lithographié.

On y conserve également un charmant portrait de Mgr. SCHEPPERS à l'âge de 15 ans, peint par M Vervloet l'aîné. à Malines, en décembre 1817 Il était aussi représenté à l'église St Rombaut à Malines, dans le vitrail du transept méridional, commémorant la proclamation du dogme de l'Immaculée Conception en cette ville, le 4 mars 1855 Ce vitrail exécuté en 1873 par L. Pluys d'après les cartons d'E. Dujardin a été complètement détruit en 1914, lors du bombardement de Malines. On y voyait les autorités civiles et ecclésiastiques de l'époque, notamment Edouard Broers, bourgmestre, cousin de Mgr. SCHEPPERS, François de Cannart d'Hamale, sénateur, le baron van den Branden de Reeth, représentant, van Duerne de Damast, marguillier etc. (Voyez: CHANOINE J. LAENEN. *Histoire de l'église Métropolitaine de St Rombaut.* Malines 1920. T. I. p. 197.; *Mechelsche Courant* 1874, no 19.)

(2) ARCHIVES DE LA VILLE DE MALINES. C. C. Extr. des archives. S. XI. no 4. *Sceaux des échevins.* Vol. 1600-1699 fo 168.

Pierre Scheppers est fils de Jean de Schepper ou Scheppers, peintre, et de Jeanne van Coninxloo.

Un examen attentif du sceau de Pierre Scheppers prouve que déjà au XVIe siècle cette famille portait ces armes. En effet les lettres A qui figurent dans l'écu sont des capitales gothiques. Or si Pierre Scheppers s'était composé ces armes, il y aurait fait figurer des lettres A telles qu'on les formait au XVIIe siècle. L'ancienneté de ces armoiries est en outre prouvée par le fait qu'une branche, qui a pour auteur son cousin germain. Jacques de Schepper, porte ces mêmes armes, et que Jean de Schepper-Borremans, ancêtre commun de ces branches, naquit dans la première moitié du XVIe siècle.

(3) Id. E. ARCHERS. S. IV. no II. fo 39.

Bruges, censeur des livres pour le diocèse de Bruges etc... (1)
et sur l'épitaphe de leur cousin germain Jean DE SCHEPPER,
prêtre et chapelain de St Jean à Malines (2) enterré devant
le maître-autel du couvent des Sœurs Noires de cette ville (3)

Jacques DE SCHEPPER (1619-1673) avocat au Grand Conseil
de Malines, frère de ce dernier, est l'auteur d'une branche qui
s'éteignit au XVIIIe siècle. Sa petite fille Catherine-Thérèse DE
SCHEPPER (4) épousa le 2 juin 1700 à Anvers, François *le Grelle*,
dont le petit-fils Henri-Jacques *le Grelle*, échevin de la ville
d'Anvers, fut anobli le 29 janvier 1794 par l'empereur Leopold II,
au port des armes anciennes de la famille DE SCHEPPER ou
SCHEPPERS (5).

Les armes modernes sont : *d'azur à la fasce d'or, accompagnée
en pointe d'une étrille du même* (6). *Heaume : non couronné. Cimier :*

---

(1) Le coin du revers de ce mereau portant une inscription rappelant
la mémoire de Jean-Baptiste Scheppers est gravé au dos des moules du
second mereau de Jean de la Torre, en possession de Mr Arents de
Beerteghem, à Bruges. (Bon JEAN BÉTHUNE. *Mereaux des familles Brugeoises.*
1890. p. 275.) Un exemplaire de ce mereau a figuré en 1902 à l'Exposition
des Primitifs Flamands à Bruges.

(2) Jean de Schepper est fils de Jacques et de Madeleine van Recht.

(3) *Provincie, stad, ende district van Mechelen opgeheldert.* T. II. Bruxelles.
1770. p. 221.

(4) Catherine Thérèse DE SCHEPPER, fille de Jean-Jacques et de Marie
Thérèse DE CONINCK, est enterrée avec ses parents, ses frères et sœurs,
ainsi que ses enfants, à Notre Dame à Anvers, sous une pierre portant
leur épitaphe. (*Inscriptions funéraires et monumentales de la province d'Anvers*
T. I. p. 125).

(5) Par lettres-patentes du 10 août 1853, la famille LE GRELLE obtint
confirmation du titre de comte romain, et autorisation d'ajouter à ses
armoiries une couronne de comte, deux lions pour supports, ainsi que la
devise : NOSTRUM PRAESIDIUM DEUS. (*Annuaire de la noblesse de Belgique.*
1854. p. 146). — *La Noblesse Belge.* Annuaire de 1892. part. II, p. 925;
1911, part. II p. 163; 1921 part. II p. 301).

(6) Nous croyons devoir faire remarquer que c'est par une complète ignorance
des véritables armoiries de cette famille et des règles de l'héraldique, que
vers la fin du XVIIIe siècle, on a pris l'habitude de hausser la fasce de
l'écu afin d'avoir plus de place pour représenter l'étrille, et de l'aléser.
On a fini par la transformer en un objet informe, qui est tout ce qu'on
veut, sauf une fasce.

Rappelons que la fasce doit occuper exactement le milieu de l'écu. Sa
surface est unie comme le pal, la bande, la barre, le chevron et le sautoir.
Toutefois, à l'effet d'obtenir certains jeux de lumière, ces meubles sont
parfois taillés en biseau.

Corneille SCHEPPERS

membre des États Provinciaux d'Anvers.

(Tableau en possession de l'Institut Scheppers à Malines).

*un lion issant d'azur armé et lampassé de gueules, tenant de la patte
dextre une étrille d'or. Devise :* IN NITORE CONSTAT (1).

Elles figurent pour la première fois sur la pierre tombale

de Pierre Scheppers (1609-1696
échevin, trésorier et receveur de
la ville, à l'église Notre-Dame
à Malines (2). On les trouve encore
sur le sceau scabinal de son petit-
fils Pierre Scheppers (1673-1744),
échevin et trésorier de la ville (3),
sur l'ex-libris et sur le sceau de
François Scheppers (1709-1757),
fils du précédent, recteur magnifique de l'université de Louvain,
censeur impérial etc. (4) ; sur l'ex-
libris de Jules-Pierre-Joseph Schep-
pers (1730-1801), neveu du précédent, avocat au Grand Conseil,
gravé par Op de Beeck (5); sur la cuiller offerte au même, en
1752, à l'occasion de sa licence en droit ; sur le sceau scabinal
de Jean-François Scheppers (1760-1826), fils du précédent, échevin
de Malines en 1790 (6) ; sur une dizaine de pierres tombales
antérieures à 1795 (7) ; dans les *Trophées de Brabant*, de BUTKENS,

---

1. Cette devise n'est portée que par Mgr Scheppers.

2. *Inscr. fun. et mon.* T. VIII. p. 281 ; *Choix d'inscr.* pl. 33.

Il y a lieu de noter, que sauf exception, ces armes modernes ne doivent
être portées que par Pierre Scheppers et par ses descendants, et non par
ses ascendants ou collatéraux.

3. La matrice du sceau de Pierre Scheppers, est conservée aux archives
de la ville de Malines.

4 La planche originale en cuivre, de cet ex-libris, appartient à M. Poullet.

La gravure a été exécutée par l'auteur des planches des *Trophées de
Brabant.* (Voyez la planche aux armes du magistrat de Malines, dans le *Supplément,* T. II p. 356).

La matrice en cuivre du sceau de François Scheppers appartient à
l'Institut Scheppers.

5. Nous ne connaissons que deux exemplaires de cet ex-libris. L'un
appartient au Musée de la ville de Malines, l'autre à M. Arnold Poullet,
président à la Cour d'Appel de Liége.

6. Le seul exemplaire que nous connaissons de ce sceau, se trouve chez
M. Arnold Poullet. La matrice appartenait à M. Léon Wellens à Lierre,
petit fils d'Adrien-François Wellens, secrétaire de Kessel et de Thérèse
Caroline-Pauline Scheppers, fille de Jules-François et de Jeanne-Catherine
Françoise Wauters. Elle a été détruite pendant la guerre.

7. *Inscr. funér.* : T. VIII. pp. 265 (Scheppers-van Kiel, épitaphe), 265
(Scheppers-van Kiel, monument), 271 (Scheppers-de Grauw), 281 (Scheppers-

publiés en 1726 (1) ; sur plusieurs portraits, objets d'orfévrerie et cachets anciens (2).

* * *

Voici, parmi les nombreuses alliances de cette famille, les noms les plus connus : van Aken (17..), d'Ancré (1766), d'Auvray de Saint-Pois (18..), Backx (1779), de Biseau d'Hauteville (1919), Borremans (15..), Bosselaer (1715), de Bracamonte (17..), de Brouwer (1790), de Carbonnel de Canisy (1865), van Coninxloo (1604), David (1671. 1711), Deudon d'Heysbroeck (1848), Diez (1792) de Doncker (14..), van Erp (15..), Estrix de Terbeeck (1757, 1796), van Eyck (1745), Ghyseleers-Thys (1795), Godderis (1884), van Goorlaecken (1773), de Gortter (1746, 1749), de Grauw (1723), de Grave (16..), le Grelle (1700), Hechts (1642), Hosselet dit de Villers (1752), Huysmans (1683), de Kerckhove-Varent (1893), van de Kerckhove (1637), van Kiel (1672, 1704, 1823, 1852. 1852, 1860), Louché (16..), van Loy (1668, 1712), de Meyer (1695). Michaux (1833, 18..), Moeremans (1820) Mortelmans (1890), de Neumostier (1863), van Nieuwenhuysen (1719, 1819), Nys (1754), Olivier (1786), Parasiers (1781), Poullet

---

van de Kerckhove), 282 (Pierre Scheppers, avocat au Grand Conseil), 513 (Scheppers-van Rietbeeck), T. VI. p. 181 (Herman-J. Scheppers, avocat au Grand Conseil); *Choix d'Inscriptions :* pl. 33 (Scheppers-van de Kerckhove), pl. 34 (Scheppers-van Kiel, monument); pl. 85 (Scheppers-Estrix) ; DE HERCKENRODE *Complément au Nobiliaire des Pays-Bas.* T. II, p. 58 (Poullet-Scheppers).

Nous ignorons si l'épitaphe de François Scheppers, recteur magnifique de l'université de Louvain, à l'église St-Pierre de cette ville, était armoriée.

(1) CHRISTOPHE BUTKENS. *Trophées de Brabant* Supplément. T. II. La Haye. 1726. p. 356, planche représentant les armes du magistrat de Malines en 1725. On y trouvera les armes gravées de Pierre Scheppers. échevin, Pierre-Yves Scheppers, licencié ès lois, secrétaire et de Jean-Baptiste Scheppers licencié ès lois, greffier.

2) Les différents portraits mentionnés dans cette notice sont armoriés, sauf ceux des Huysmans-Scheppers.

L'Institut Scheppers possède deux matrices aux armes timbrées Scheppers-Estrix.

Mr Arnold Poullet possède une armoire en chéne, style Louis XV, aux armes Scheppers-Poullet.

Mr l'Abbé Poullet possède une matrice aux armes timbrées Scheppers-Poullet M. Poullet possède une belle paire de flambeaux style Louis XVI, aux armes Scheppers-Poullet. Mr Prosper Poullet, ancien ministre, possède également une paire de flambeaux aux armes Scheppers-Poullet.

Ces différents objets constituent de beaux specimens de l'orfévrerie et de l'ébenisterie malinoise du XVIIIe siècle.

Verdael pinxit — Mgr SCHEPPERS

à quinze ans.

Tuerlinckx — Mgr SCHEPPERS

(Tableau en possession de l'Institut Scheppers, à Malines)

(1756, 1795) Pycke d'Ideghem (1840), Quirini (1815), de Ra-
vesteyn (1859), van Recht (1604), van Rietbeeck (1698), Sterckx
(1879), Verhaegen (1859), Verhocht (1741, 1729). Vermeulen
(1803), Vermylen (1785), Voorspoel (1636), Wauters (1808 1852),
Wellens (1839), van den Wiele (1743, 1746), de Witte (1922), etc.

* *
*

ANNEXES.

*Diplôme de licencié-ès-lois conféré à Jean-Baptiste Scheppers, de
Malines, le 16 avril 1791*, par l'Université de Cologne (Original
en parchemin aux Archives de l'Institut Scheppers, à Malines) (1)

Nos Joannes Benedictus Willms Juris

*Utriusque Doctor, Professor publicus et ordinarius, nec non Vene-
randarum utriusque Juris Facultatum in Alma Universitate Generalis
Studii Coloniensis Fiscus p : t : Decanus, Amplissimi Senatus et Reipu-
blicae Coloniensis Consiliarius et Syndicus, Caeterique Doctores et Pro-
fessores ordinarii ac publici in memoratis Jurium Facultatibus Legentes,
Easque Regentes etc. etc. Universis et Singulis in quocunque Dignitatis vel
Honoris ordine constitutis, praesentes, ad quos devenire contigerit, Salutem
in Domino, promptamque de ipsis bene merendi voluntatem : Recta sua-
dente ratione dignum arbitramur, et aequitati congruum, ut quos diligenti
Scrutinio Academicos Nostrarum Facultatum honores comperimus promeritos,
eos ad competentes evehamus non solum Gradus, sed et Promotionis, ubi
res ipsa postularit Testimonium ipsis elargiamur. Attestamur itaque* Proe-
nobilem, ac Clarissimum Dominum Joannem Baptistam Scheppers
Mechliniensem *ea apud Nos dedisse Scientiae Specimina, ut praemissa
inaugurali Disputatione et diversis successive superatis cum laude Exa-
minibus Unanimi Senatus Juridici Decreto, praemisso Sacrarum Legum
Baccalaureatus Gradu, ad Licentiae in Jure Gradum admissus sit, et
praesentatus, atque exinde Die Decima Sexta Mensis Aprilis currentis
Anni Millesimi Septingentesimi Nonagesimi primi per Reverendissimum
et Perillustrem Dominum Maximilianum Josephum Joannem Nepomoce-
num Edmundum Liberum Baronem de Geyr in Schweppenburg Juris
utriusque Doctorem, Professorem ordinarium ac publicum, Metropolitanae
Electoralis, Illustris ad S. S. Gereonem et Socios Martyres Coloniensium
et Equestris Wympinensis Ecclesiarum Canonicum Capitularem Almaeque*

---

(1) Ce diplôme doit être celui de Jean-Baptiste Scheppers, né à Malines
en 1766, licencié ès lois, fils de Jean-Baptiste et de sa seconde femme
Marie-Anne-Elisabeth Sas, native de Merxplas, petit-fils de Jean-Baptiste
Scheppers, échevin de la ville de Malines et de Marguerite-Catherine de
Grauw.

Universitatis ac Generalis Studii Coloniensis Procancellarium a Reverendissimo et Excellentissimo Domino Francisco Wilhelmo S. R. I. Comite Regnante in Oettingen, Balderen. Soeteren etc., Domino Seniore, Feudorum, atque Regalium Aministratore, Metropolitanae Electoralis Ecclesio Coloniensis Praeposito et Thesaurario Majore, Ejusdemque Universitatis Coloniensis Cancellario ad hoc specialiter Deputatum Licentiae Juris utriusque Laurea insignitus fuerit, ac decoratus, Proindeque merito Privilegiis, Gratiis et immunitatibus, hunc quae ad Academici honoris Gradum pertinent, de Jure uti, frui, gaudere ac potiri valeat, quocirca Omnes et Singulos bonarum Artium Fautores, Patronos ac Mecoenates, ad quos praefatus Dominus Joannes Baptista Scheppers *Juris utriusque Licentiatus hic et ubivis locorum censendus diverterit officiose requirimus, et in Domino exhortamur, ut Eundem juxta vocationis suae Gradum benigne suscipiant, suaeque Benevolentiae illi favorem eo libentius impendant, quo magis de eodem Nostris fretus Testimonialibus Sigillo Facultatum Nostrarum, et Universitatis Secretarii subscriptione munitis confidit in Domino. Datae Coloniae Agrippinoe Die 16ta Aprilis 1791.*

Ad Mandatum Speciale etc. etc.

(signé) Henr. Jos. Huertzen Sacris Apostolice ac
Imperiali Authoritatibus Not. publ. Almaeque Universitatis ac Generalis Studii Coloniensis Secretarius.

(paraphé

(sceau plaqué en papier)

Diplôme délivré à Rome, le 19 juin 1681, par la Congrégation de la Ste Inquisition, à Jean-Baptiste et à Pierre Scheppers, licenciés ès lois, avocats à Malines (1) leur autorisant la lecture et la détention des livres mis à l'index. (Original en parchemin aux archives de M. E. le Maire, à Malines).

C Æ S A R

Episcopus Hostiensis Fachenettus. Alderanus Epus Sufulanus Cybo. Petrus tituli sanctæ Praxedis Otthobonus Franciscus tit. Sta Mariæ in Transtyberim Albitius Flanius tituli Sta Mariæ de Populo Chisius. Palicitius tit. SS. duodecim Apostolorn Alterius, Jacobus tituli SS. Joannis et Pauli Rospigliosus Gaspar tit. S. Silvestri in Capite Carpineus. Cesar tit. Sae Trinitatis in Monte Pincio d'Estres. Fredericus tituli Sancti

---

(1) Jean-Baptiste et Pierre Scheppers sont fils de Pierre Scheppers et de Claire van de Kerckhove.

Marcelli Columna. Franciscus tituli sancti Matthei in Merulana Herlius. Presbri Decius Sancti Eustachii Azzolinus, et Hieronymus sancti Cæsarei Casanata Diaconi miseratione divina S. R. E. Cardinales in tota Republica Xriana contra hæreticam pravitatem Inquisitores gnales a Sancta sede Apostolica specialr deputatis. Dilectis Nobis in Xro JOANNI BAPTISTAE SCHEPPERS et PETRO SCHEPPERS Utriusq. Juris Licentiatis, et Advocatis Diœcesis Mechliniensis in Belgio. Salutem in Dno Sempiternam cum in congregatᵉ gnali Sanctae Romanæ et Universalis Inquisitionis, habita in Palatio Apostolico apud Sanctum Petrum coram Sᵐᵒ D. N. D. Innocentio divina providentia Papa XI. ac Nobis die infradicta nomine vestro supplicatum fuerit, ut quoscumq. prohibitos libros legendi, et retinendi licentiam vobis concedere dignaremur. Nos vestris supplicationibus annuentes ac de vestra doctrina pietate et prudentia quibus apud Nos fide digno commendaris testimonio in Dno confisi auctoritate Apostolica Nobis in hac parte commissa vobis et cuilibet vrum, ut omnes et quoscumq. Haereticorum seu alias prohibitos libros eti(a)m in Indice Romano librorum prohibitorum damnatos, secreto, et per Vos ipsos tamen ac sine aliorum scandalo aut periculo absq. censurarum, et penarum incursu exceptis in Caroli Molinei, Nicolai Macilianetti operibus, ac libris de Astrologia Iudiciaria tractantibus, in Belgio dumtaxat, et non alibi, legere et retinere libere, et licite possitis, et valeatis, et quilibet vrum possit, et valeat, licentiam ad quinquennium proxime futurum ab infradicta data incipiendo solum modo duraturam, tenore presentium damus, concedimus et impartimur. Non obstantibus in contrarium facientibus quibuscumq. Iniuncto tamen vobis, ut tam pntium lrarum exemplum quam librorum prohibitorum predictorum, quos huiusmodi nræ facultatis vigore legetis, aut retinebitis, notam quam primum exhibeatis ordinario loci Catholico, ubi morabimini, ut tempore huius facultatis elapso, vel post obitum vestrum, si interim forsan ex vita migrare contigerit, libri predicti consignentur ut provideat diligenter ne ad aliorum manus deveniant, sed tradantur igni comburendi In quorum omnium et singulorum praemissorum fidem praesentes litteras gratis expeditas, per infractum nrum et dictæ sanctae Inquisitionis Notarium fieri et manibus nris subscriptas, sigilli eiusd. Sanctae Inquisitionis, iussimus impressione muniri. Datum Romae in Congregᵉ gnali praedictae Sᵗᵉ Inquisⁿⁱˢ die 19 Junij 1681. Pontif. Iᵐⁱ pbi anno Vᵒ Sᵐⁱ Papae praedicti.

(signé) P. Cardᶦⁱˢ Otthobonus, F. Cardᶦⁱˢ Chisius
P. Cardᶦⁱˢ de Alterys, G. Cardᶦⁱˢ Carpineus, Cesar Card. D'hestres. J. Card. Herlius, D. Card. Azzolinus, H. Card. Casanata.

(sceau plaqué en papier)

Franciscus Riccardus Sᵗᵉ Romanae
et Universalis Inquisitionis Noᵗˢ.